AF264000

HOMÉLIE

PRONONCÉE AU

SERVICE FUNÉBRE CÉLÉBRÉ A LA CATHÉDRALE DE NIMES, LE 23 JUIN 1866,

POUR LE REPOS DE L'AME

DE

GABRIEL DURAND,

NÉ A LUNEL, AU DIOCÈSE DE MONTPELLIER,

Élève des Séminaires du Diocèse de Nimes, Prêtre des Missions Étrangères,

MIS A MORT EN HAINE DE LA FOI,

AU THIBET.

~~~

Prix: 50 centimes

AU PROFIT D'UNE BONNE ŒUVRE

~~~

NIMES

LOUIS GIRAUD, LIBRAIRE-ÉDITEUR

BOULEVARD SAINT-ANTOINE

—

1866

Nimes. — Imprimerie LAFARE et ATIENOUX, place de la Couronne, 1.

AUX ÉLÈVES

DES DEUX SÉMINAIRES DE BEAUCAIRE ET DE NIMES,

TÉMOIGNAGE DE SYMPATHIE.

PUISSE LE SOUVENIR

D'UN PRÊTRE

MISSIONNAIRE ET MARTYR,

QUI GRANDIT SOUS LEUR TOIT ET VÉCUT DE LEUR VIE,

ACCROITRE DANS LEURS AMES LA FIDÉLITÉ A LEUR VOCATION

ET L'AMOUR

ENVERS JÉSUS-CHRIST ET L'ÉGLISE !

Nimes, 23 juin 1866.

EMMANUEL D'ALZON.

*Quam pulchri super montem pedes annuntiantis
et prædicantis bonum, annuntiantis pacem, prædicantis salutem !*

Qu'ils sont beaux sur la montagne les pieds de ceux
qui annoncent et prêchent le bien, qui annoncent la
paix et prêchent le salut ! (Isaïe, 52, 7.)

MONSEIGNEUR,

MES FRÈRES,

Pourquoi ces chants funèbres? pourquoi ces vêtements et cet
appareil de deuil sous les voûtes de cette Cathédrale? Et en
même temps, pourquoi, dans tous les cœurs, ce sentiment de
consolation en face d'un tombeau, de triomphe au souvenir d'une
mort obscure aux yeux des hommes ?

Voilà, mes Frères, un des plus beaux mystères de l'Eglise :
elle s'afflige moins de la perte d'un de ses enfants et d'un de
ses plus vaillants ouvriers, qu'elle ne se réjouit d'une allégresse
immortelle en posant à la fin du jour, sur le front d'un soldat
vainqueur, une de ses couronnes impérissables. Aussi, s'écrie-
t-elle, toutes les fois qu'elle envoie un nouveau Missionnaire
porter sa lumière dans les régions lointaines avec l'espérance du
martyre :

*Quam pulchri super montem pedes annuntiantis et prædi-
cantis bonum, annuntiantis pacem, prædicantis salutem !* Qu'ils
sont beaux sur la montagne les pieds de ceux qui annoncent et
prêchent le bien, qui annoncent la paix et prêchent le salut !

Ils sont si beaux, ces pieds, qu'ils ont été salués de loin par le Prophète, et qu'ils offrent tous les jours une des plus excellentes preuves de la vérité évangélique qu'ils sont chargés de porter aux extrémités de l'univers.

Ils sont si beaux, ces pieds consacrés pour les voyages apostoliques, que, la veille de sa mort, le Sauveur lui-même se prosterna devant eux, les lava de ces mains qui allaient être percées pour le salut du monde, et voulut leur imprimer ainsi comme le cachet de sa pureté divine.

Vous entendez bien, mes Frères, que, quand l'Ecriture nous parle des pieds des Missionnaires, c'est du Missionnaire lui-même qu'elle veut parler, comme d'une apparition nouvelle, comme d'un chef-d'œuvre de Dieu.

En effet, avant Jésus-Christ, avant l'Evangile, qui jamais se fit l'idée d'un de ces types inimitables qu'on appelle une figure d'Apôtre?

Et depuis que, le Seigneur ayant envoyé son Esprit, les Apôtres ont été créés, et que la face de la terre a été renouvelée par eux, si Satan, ce *singe de Dieu*, comme l'appelle Tertullien, a voulu singer aussi de temps en temps les Apôtres ; s'il a eu ses envoyés ; s'il a eu, à certains intervalles, des fanatiques qui ont donné pour ses mensonges une vie plus ou moins maudite, voici ce qu'il n'a pas, dans l'œuvre apostolique, songé encore à imiter : c'est cette double source de vérité et de sang, qui, sur le Calvaire, a commencé à couler par les veines de Jésus-Christ, et qui, depuis dix-huit siècles, coule sans interruption, sur tous les points du monde, par les veines de ses Apôtres martyrisés. Problème inexplicable à la seule pensée humaine, problème dont la solution, fournie par la foi, porte je ne sais quelle joie ineffable dans l'âme, et que je veux examiner, pour vous donner le sens de la cérémonie qui nous rassemble, et vous apprendre comment, depuis deux mille ans, Jésus-Christ prépare et fait des Apôtres.

Je trouverai, avec la grâce de Dieu, la clé de cette belle question dans l'étude que je vais faire avec vous de la vie, à peine connue pourtant, de Gabriel Durand, né au diocèse de Montpellier, élevé dans les Séminaires du diocèse de Nimes, prêtre des Missions étrangères, mort pour la foi dans les montagnes du Thibet.

Je vous ai dit que la vie du héros de cette cérémonie nous est à peine connue. Quant à moi, je vous avouerai que j'ai eu à peine quelques instants pour en recueillir de rares détails ; et si vous m'en demandez le motif, je vous demanderai à mon tour pourquoi, sauf quelques pages très-courtes sur Pierre, sur Jean, sur Paul, sur Jacques, les travaux des Apôtres nous sont à peu près inconnus. Pourtant ce sont les douze colonnes du temple de l'Église, pourtant ce sont les douze portes de la céleste Jérusalem ! Comme si le germe de la gloire du ciel devait se cacher sous les voiles de la nuit des temps ! Ce n'est pas que je blâme les pieux efforts tentés pour nous conserver la mémoire de ces illustres modèles de la vie évangélique. L'Église, je le sais, encourage et bénit ces pieuses recherches ; mais enfin, à ceux qui se plaindraient des ténèbres qui semblent envelopper encore les travaux de Gabriel Durand, je répondrais qu'après tout, il ne faut pas trop nous en plaindre, puisque c'est pour lui un trait de plus de ressemblance avec la plupart des Apôtres.

Rassurez-vous pourtant, nous en savons assez pour trouver matière à de puissantes et fécondes leçons, si nous voulons sérieusement en profiter ; et c'est ce que je veux vous développer rapidement, en revenant aux termes de ma proposition. Quelles sont les conditions divines qui servent à faire un homme apostolique ?

Il est vrai, et je le proclame tout d'abord, rien de plus insensé qu'un Apôtre. Qu'est-ce que cette longue série de gens ignorants, grossiers, pétris avec toutes les faiblesses de la nature, pénétrés

d'une idée qu'ils ne savent pas toujours exposer avec les habile-
tés du langage, poussés par un sentiment qu'à coup sûr ils ana-
lyseraient presque tous bien mal devant les sages et les prudents
du siècle? Sans ressources humaines, avec la certitude d'être
persécutés, maudits, moqués, flagellés, pendus, décapités, brûlés,
mis en pièces, quelle perspective! Et quelle folie, de ne pas
reculer devant ce que cette perspective a de rebutant et d'affreux!
Oui, les Apôtres sont des fous, et il y a dix-huit siècles que
S. Paul, l'Apôtre par excellence, l'a déclaré : *Nos stulti!* En
voulez-vous la confession de notre propre bouche? Nous l'a-
vouons ; pendant que vous êtes parfaitement sages, ô hommes
du monde, nous autres nous sommes des insensés ! *Nos stulti !*
vos autem sapientes. Vous voulez l'aveu, le voilà; est-il assez
clair? Avons-nous assez confessé votre sagesse et notre folie?
Nos stulti, vos autem sapientes. Mais écoutez le motif de cette
folie : Oui, nous sommes fous, mais nous sommes fous pour Jésus-Christ, *nos stulti propter Christum.* La source de notre folie,
c'est la sagesse de Dieu ; folie d'une nouvelle espèce, et à laquelle,
après S. Paul, je donnerai son vrai nom : folie de la prédica-
tion, *stultitiam prædicationis.* Mais folie bien extraordinaire !
car Dieu confondant, perdant, réprouvant les sages, les savants,
les prudents, a voulu que le monde ne fût sauvé qu'à la condi-
tion de se courber devant cette nouvelle sorte de démence, *pla-
cuit Deo per stultitiam prædicationis salvos facere credentes.* Et
que, depuis dix-huit siècles, Dieu ne se lasse pas de se servir de
ces fous, voilà de quoi faire méditer les sages et les prudents,
les libres-penseurs de nos jours !

Il y a trente ans environ, vivait à Lunel un petit garçon, élevé
par des parents profondément chrétiens, et que je vois avec
bonheur assister à ce triomphe de leur fils. Un jour tombèrent
entre les mains de cet enfant les *Annales de la propagation de
la Foi,* publication où sont consignés quelques-uns des tra-

vaux de nos Missionnaires, et que l'on pourrait intituler :
« Mémoires sur les folies apostoliques dans les temps moder-
nes ». Je ne sais sur quelle de ces pages insensées tombèrent les
yeux de Gabriel Durand ; ce que je sais, c'est qu'un rayon de
lumière en jaillit, qui illumina son intelligence, embrasa son
cœur, et lui montra des âmes à sauver, les limites du royaume
de Jésus-Christ à reculer, la gloire de Dieu à procurer. Une voix
irrésistible retentit au dedans de lui : Tu seras Missionnaire !
Et comme Augustin, dans les perplexités de ses dernières luttes
contre le péché, fut terrassé par une voix d'enfant inconnu qui
lui chantait : « Prends, lis ; prends, lis ! *Tolle, lege ; tolle,
lege !* Gabriel Durand s'en allait, portant dans son cœur son trait
de lumière, produit par la page bénie, l'oreille de l'âme pleine
du son mystérieux de ces paroles : « Tu seras Missionnaire ! »

Qu'étaient donc ces paroles extraordinaires, sans proportion
avec sa vie d'enfant ? C'était, en attendant l'appel et la consécra-
tion de l'Eglise, c'était l'appel de Dieu ; c'était la vocation ! Oh !
vous, mes enfants, jeunes gens qui entourez cette chaire, si Dieu
veut faire de vous quelque chose de grand, de fécond, de puis-
sant en paroles et en œuvres, vous entendrez un jour cette voix ;
et, quelle que soit la direction où vous pousse le souffle d'En-
Haut, vous aurez une vocation. Dieu, qui est bien le maître
d'assigner à chacun une place dans ce monde, l'indique toujours,
quand on la lui demande avec sincérité, bonne foi et volonté
droite. Mais quand le doigt divin montre l'autel comme le terme
de la vie, que se passe-t-il alors dans le plus intime de l'être ?
Tantôt, c'est quelque chose de doux comme le parfum de l'amour
divin, de fort comme les saintes chaînes de la charité ; tantôt ce
sont des révoltes, des luttes comme celle d'Israël contre l'Ange
de Jéhovah ; tantôt des étonnements, des stupeurs comme celle
de Moïse devant Dieu lui-même. Il faut briser, il faut rompre
les liens les plus légitimes, immoler ce qu'il y a de plus intime

dans les affections, il faut devenir ce dont le monde a plus que jamais perdu le sens, depuis qu'il veut surtout des hommes utiles, comme on dit, il faut devenir un homme de sacrifice. Mais que de douleurs, de déchirements, d'angoisses avant d'arriver à ce but suprême! C'est là pourtant ce qu'il faut accepter d'avance, si l'on veut avoir l'intelligence de ce mot sublime, tombé du ciel pour créer un monde nouveau : La *Vocation apostolique!*

Et vous, bataillon sacré, pépinière sacerdotale, qui croissez dans la même enceinte où grandirent les vertus de Gabriel Durand ; vous, consolation de votre Pontife, et par votre nombre et par les espérances que vous lui apportez ; vous tous qui avez entendu la voix de Dieu, conservez, comme votre devancier, ce trésor précieux ; soyez fidèles à tous les devoirs que ce dépôt entraîne pour vous ; gardez-le avec respect et tendresse, *depositum custodi.* Sachez que rien n'est digne d'envie comme le Lévite fidèle à sa vocation, et montant dans la sainteté les marches du sanctuaire et de l'autel, comme pour faire, en considérant les sombres obscurités de l'avenir, l'apprentissage de l'échafaud, du martyre et de la conquête du monde.

Fidélité à la vocation, telle est la première vertu de l'Apôtre; l'obéissance aux supérieurs en est la seconde.

Il ne suffit pas de dire : Dieu m'a parlé. Quel fanatique ne serait capable de tenir ce langage? Il est si dangereux, en effet, que Dieu lui-même a voulu faire contrôler ses propres ordres par une autorité hiérarchique émanée de lui.

Gabriel Durand se sentait appelé ; mais quand il s'agit d'exécuter un plan depuis longtemps mûri dans la prière, ce fut à son Evêque qu'il s'adressa. Vainement sa famille, effrayée, fit-elle des démarches auprès de l'autorité ecclésiastique; vainement le conseil épiscopal avait-il voté à l'unanimité un premier refus. Gabriel Durand, fort de la naïveté de sa foi et de son obéissance, se présente, parle en simplicité et confiance, obtient l'autorisation écrite de partir, conserve silencieusement cette preuve d'un difficile triomphe, fait ses préparatifs, et part, pour aller obéir encore. Nous avons vu les lettres du Pontife aux travaux duquel il fut associé ; elles témoignent que, dans l'extrême Asie, son obéissance avait été la même qu'en Europe ; c'était sa force, c'était le principe de ses succès. Le Saint-Esprit n'a-t-il pas dit que l'homme obéissant racontera ses victoires : *Vir obediens loquetur victorias ?*

Le troisième caractère de l'Apôtre, c'est la persévérance. Pierre et Jean, après la résurrection de leur Maître, reçurent la défense de prêcher en son nom : « Voyez, répondirent-ils aux princes des prêtres et à leur conseil, s'il ne faut pas obéir plutôt à Dieu qu'aux hommes ». Et ils poursuivirent leur œuvre jusqu'à la mort. Quand Dieu a parlé, les hommes ne sont rien. Ils n'étaient, en effet, plus rien pour notre jeune Lévite; ni les hommes ni les obstacles ne pouvaient l'ébranler. Le Directeur de sa conscience nous disait naguères : « Jamais la pensée des missions ne l'abandonna un seul jour; quelquefois il s'abstenait d'en parler, comme pour éviter au confident de ses pensées les plus secrètes la monotonie de fastidieuses répétitions; mais, s'il était interrogé, c'était toujours la même constance, la même énergie dans la confiance et la paix ». Ce n'était pas de ce côté du moins que devaient venir les épreuves. Et quand, plus tard, envoyé dans l'intérieur de l'empire chinois, il fut fait prisonnier, maltraité de toute façon, menacé incessamment de mort, soit par les mandarins, soit par les révoltés qui, depuis de longues années, se disputent les vastes lambeaux du Céleste-Empire; lorsqu'enfin miraculeusement échappé à mille périls, il revint à son point de départ, quelle fut son unique préoccupation ? De réparer au plus tôt une santé délabrée, compromise par les privations, la captivité, les mauvais traitements, et de se remettre bien vite à la disposition de son Evêque.

Il repartit à la hâte pour occuper, avec une ardeur nouvelle, le poste qui lui était assigné. Ah! si j'avais raison de dire que les hommes apostoliques sont des insensés, ne le sont-ils pas surtout dans une persévérance qui les conduit si souvent à la mort? Et les hommes du monde, de l'argent, du plaisir, n'ont-ils pas raison de blâmer ce qu'ils appellent, eux, de l'obstination et de l'entêtement? O saint entêtement! O glorieuse obstination! C'est vous qui faites la conquête du monde, c'est vous qui confondez nos faiblesses et nos lâchetés! On vous blâme, parce que vous accusez; on vous désapprouve, parce que vous condamnez; le siècle vous redoute, parce que, dans votre inébranlable patience et malgré les efforts de l'enfer, vous faites l'œuvre d'un Dieu aussi patient qu'il est fidèle dans ses promesses et immuable dans ses volontés.

Mais le principe de cette persévérance, où le trouverons-nous? Dans le zèle des âmes et dans l'amour de Jésus-Christ.

« Mes petits enfants, disait l'Apôtre, pour qui je souffre comme si je vous enfantais jusqu'à ce que Jésus-Christ soit formé en vous ». *Filioli mei, quos iterum parturio, donec formetur Christus in vobis.* Sentez-vous, sous ces paroles, la tendresse de la mère, prête à donner son lait, ses fatigues, ses douleurs, ses angoisses, ses travaux, sa vie pour sauver des âmes? Telle était l'ardeur qui dévorait Gabriel Durand; il la répandait comme sans s'en douter, et ses dernières lettres traduisent ces mêmes impressions, jointes à je ne sais quelle tristesse évangélique, en face des ruines qui vont se faire. Il connaît le danger, il sait ce qui l'attend, il va; il voit des chrétiens compromis, il va. Les obstacles, les périls, les embûches des mandarins, les complots des bonzes, la haine du peuple, hélas! et les dépêches d'un enfant de la France, tout s'unit pour perdre son œuvre; mais il y a là des âmes à sauver, une chrétienté à préserver, des idolâtres de bonne foi à évangéliser : jusqu'au dernier moment, il luttera. Donnez-lui des âmes, et il vous fait bon marché de tout, de sa vie même, qu'il va sacrifier dans quelques jours. Mais, hâtons-nous de le dire, l'Apôtre rapporte le zèle des âmes à une source plus divine : il les aime pour Jésus-Christ. Ainsi en est-il de notre Missionnaire, et telle est sa grande passion. C'est la flamme qui le consume ; comme tous les vrais Apôtres, il s'écrie : « Quelque chose de plus fort que la terre et le ciel me pousse et m'émeut ; l'amour de Jésus-Christ m'entraîne: *Charitas Christi urget nos !* »

Et c'est ici que la parole de l'homme devient impuissante à pénétrer certains esprits. Comment, en effet, faire comprendre à ceux qui n'aiment pas Jésus-Christ la vertu de ce sentiment divin ? Perdez-vous en explications, multipliez les discours ; jamais, s'ils n'aiment le Seigneur Jésus, ils ne comprendront ni la chasteté, ni le sacrifice, ni le sacerdoce, ces trois éléments constitutifs de l'apostolat. Ils s'indigneront à la vue d'une vierge, le martyre sera pour eux le comble de la folie, ils lèveront les épaules en face du prêtre, ils diront anathème à l'Apôtre qui trouble les consciences, parce qu'ils ne comprendront jamais rien à l'amour de Dieu, qui a donné son Fils pour en faire le prêtre éternel, en même temps que la chaste et éternelle Victime ; rien à l'amour de Jésus-Christ et à ses victorieuses impulsions. Et pourtant voilà le problème résolu ! Si Jésus-Christ n'est pas Dieu, si son œuvre n'est pas divine, comment cette œuvre, depuis deux mille ans, trouve-t-elle toujours des Martyrs et des Apôtres embrasés du même amour pour l'œuvre et pour son auteur ?

Pour nous, mes vénérables Confrères, au souvenir de ce jeune Lévite qui a passé sous nos yeux sans que nous l'ayons remarqué, qui plus d'une fois a prié dans ce sanctuaire où je vous vois assis, sondons nos cœurs et nos reins. Ce Séminariste ignoré quand il vivait parmi nous, que l'église de Montpellier nous prêta pour un temps, et que réclamèrent bien vite les montagnes de la Chine et les déserts du Thibet, il était embrasé, lui, de l'amour de Jésus-Christ, et cet amour en a fait un Apôtre et un Martyr.

Que sa mémoire, du moins, rende de plus en plus vainqueur en nos âmes, l'amour de notre commun Maître, excite en nous l'ardeur de résister, de mourir comme lui, s'il en était besoin.

Enfin, mes Frères, il ne suffit pas d'être appelé, d'obéir, d'être persévérant au travail, d'être embrasé du zèle des âmes et de l'amour du Sauveur, il faut garder soigneusement ces dons précieux à l'abri de toute injure. Par quels moyens conserver ces grâces de Dieu dans des vases d'une argile si facile à briser?

S. Augustin, expliquant le passage de S. Jean où est raconté comment Notre Seigneur lava les pieds à ses Apôtres, et comment il leur indiqua que les plus saints et les plus purs ont besoin de laver sans cesse la poussière dont les pieds apostoliques se couvrent dans le chemin de la vie, remarque qu'il est impossible à l'infirmité humaine de ne pas contracter quelque souillure, même dans les œuvres les plus saintes, même en sauvant des âmes, même en allant au devant de Jésus-Christ qui appelle.

Mais quoi? Faut-il fuir au désert, laisser Jésus-Christ frapper à la porte, lui répondre comme l'épouse des Cantiques : *Exui me tunica mea, quomodo induar illa? Lavi pedes meos, quomodo inquinabo eos?* Je me suis dépouillé de ma tunique, comment la reprendrai-je? J'ai lavé mes pieds, comment les souillerai-je de nouveau?

Ah! voici le mystère : oui, la faiblesse humaine est là; la prière est là aussi, pour demander le pardon de nos fautes, l'affranchissement des tentations. Mais, pour l'homme apostolique, il y a plus. Jésus l'a lavé dans son sang divin; l'Apôtre y joindra, s'il le faut, le sien propre, quelquefois par le désir seulement, comme François Xavier; mais d'autres fois aussi son sang

lui sera demandé, comme il le fut à Gabriel Durand. Et quand
le Martyr a versé son sang uni à celui de Jésus, pour la dernière
purification de son âme ; quand il a donné cette preuve, de toutes
la plus grande, de son amour, est-ce que le feu de la charité n'a
pas consumé jusqu'aux moindres taches ? Que peut-il faire de
plus, après avoir vécu pour son Dieu, que de mourir pour lui ?

Et telle est, mes Frères, la gloire de celui pour qui nous
invoquons en ce moment, avec une confiance si douce, la mi-
séricorde de Dieu. Peut-être bientôt l'invoquerons-nous à son
tour ; cependant il est des hommages qu'il est dangereux de
hâter. Attendons avec espérance les sages lenteurs de l'Eglise.
Elle sait que pour elle la prudence est la première des lois.
Mais si notre Mère est prudente, il n'est pas défendu à ses enfants de lui présenter avec respect de légitimes désirs.

Pour moi, Monseigneur, s'il m'était permis d'exposer mes
vœux à Votre Grandeur, j'oserais vous dire : « Le sang des
Martyrs a toujours été une semence de chrétiens, il a été aussi
une semence de saints prêtres. Pourquoi, tandis que votre diocèse d'origine va fournir probablement un nouveau modèle au
clergé dans la vénérée figure du Curé d'Ars, ne solliciteriez-vous
pas, pour les élèves du sanctuaire de Nîmes, la permission de
leur offrir un modèle plus humble, plus caché, qui nous serait
peut-être plus précieux à cause de son obscurité même ? Il serait
plus nôtre, et nos jeunes générations sacerdotales comprendraient
mieux qu'il n'est pas nécessaire de remplir le monde du bruit
de son nom, pour être un Apôtre et un Martyr, pour être au
moins un saint prêtre, faire beaucoup de bien et mériter une
magnifique couronne.

» Que Dieu permette et veuille même que quelques-uns de ses
Pontifes brillent au ciel de son Eglise, comme les grandes étoiles au firmament, je le conçois ; et cela est bon pour relever
les courages abattus et consoler de certains affadissements ; mais

le clergé, dans sa position humble, patiente, tourmentée quelquefois, a besoin aussi d'être encouragé par ce qu'il y a d'inconnu, d'oublié dans la vie d'un pauvre Missionnaire, dont on s'occupe et qu'on glorifie, uniquement parce qu'il est mort avec une grande joie pour son Dieu. Ces étoiles, à peine visibles à nos yeux, peuplent après tout de leur multitude l'immensité de l'espace.

» En offrant la mémoire de Gabriel Durand, comme un enseignement et comme un modèle consacré, aux élèves de vos Séminaires, que de vocations ne surgiront pas, ou ne se développeront pas, avec une flamme plus vive, dans l'obéissance, la persévérance, l'amour de Jésus-Christ et des âmes, l'ardeur des grands dévouements et des saintes immolations » !

Puissent ces jeunes enfants si aimés, ces pieux Lévites, l'espoir du sacerdoce; puissiez-vous tous, mes Frères, avoir trouvé, dans la solennité lugubre et consolante à la fois qui nous réunit, dans le souvenir d'une existence si rapidement et si purement écoulée, cette conviction profonde que, même sous le poids de l'oubli des hommes, rien n'est beau, rien n'est grand, rien n'est sublime comme un saint prêtre, comme un Apôtre, comme un Martyr ! et que la Religion qui ne cesse de produire de pareils hommes est la seule établie de la main de Dieu !

www.ingramcontent.com/pod-product-compliance
Lightning Source LLC
Chambersburg PA
CBHW061826060726
47597CB00008B/3372